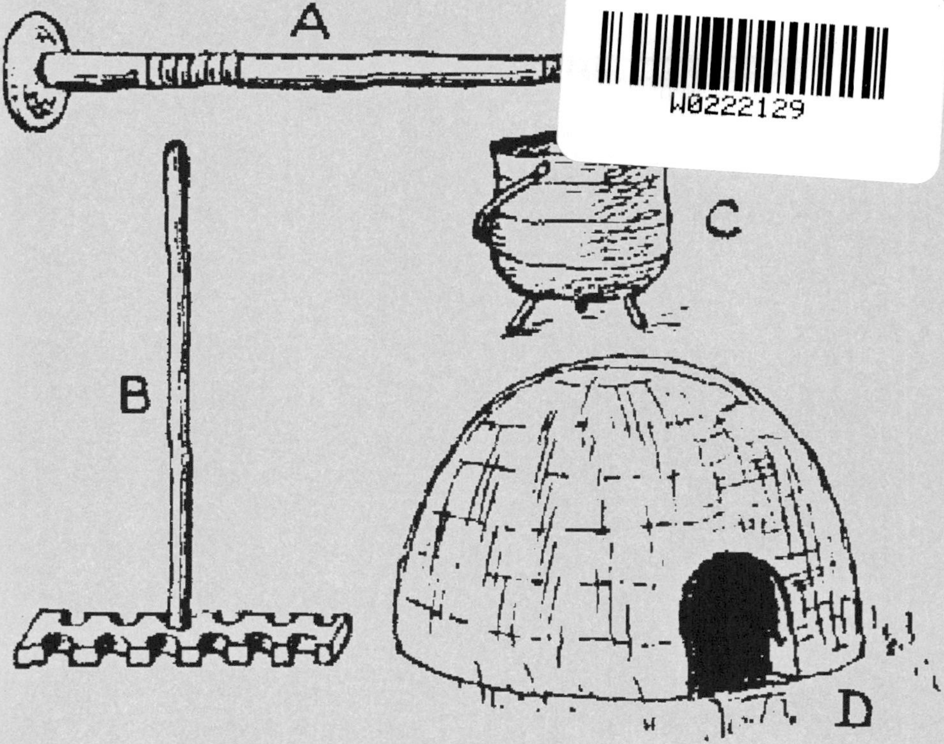

FIG. 5

WOHNEN OHNE PLAN

Klein • Mahler • Much • Rubinowitz

Falter Verlag

„Niedrige, breite Sessel sind mit Duchesse und Satin bespannt, der Fußboden ist mit einem seidig schimmernden Velours ausgelegt, die Wandsoffitten verstrahlen ihr mildes, dem Teint vorteilhaftes Licht. Man spürt die Gesamtwirkung des Hauses: Hier durfte der versierte Innenarchitekt unbeeinflusst walten."

Film und Frau, 1960

Inhalt

Vorwort

Unsereins, der, vom Leberschwindel nach beinahe jeder üppigen Mahlzeit erfasst und, solcherart von Morpheus' Armen geherzt, gen Erdmittelpunkt zu sinken droht, hat für die Wohnen genannte Verrichtung besonders viel übrig. Zu Hause, das ist jener Flecken, der zwar permanent gegen eine Vielzahl von teilweise charakterlich unausbalancierten Insekten verteidigt sowie gegen die Infiltration durch gemeinen Straßenstaub geschützt werden muss, aber dennoch ein Asyl vor den gierigen Augen der Welt darstellt. Nacktbügeln, musikalische Flatulenzen gestalten, Adamo-Platten hören, die verdammten Ohrenhaare schneiden und in kleinen Anfällen von anarchischer Bosheit Blumenstöcke, halb volle Milchpackungen und verrottetes Hundefutter aus dem Fenster werfen, das sind allesamt Tätigkeiten, die mit der Vorstellung eines glücklichen Heims verbunden werden. Eheliches und außereheliches Zusammenstecken der Werkzeuge findet dort ebenso seinen Platz wie die bedachtsam gruppierte Schmutzwäsche, die dann aber zu Mamas Wohnschachterl transportiert wird. Man ist ja schließlich noch in Ausbildung.

Und da wäre noch die Funktion des Beutelagerns. Ausrücken in die Welt, voller Inbrunst jagen und horten, etwa um die Barhockersammlung zu komplettieren oder das Schallplattenarchiv, das ohnehin so etwas wie einen außerkörperlichen Tumor darstellt, weiter wuchern zu lassen. Auch die Kleiderstangen sollen sich biegen, von bunter Designerwirkware.

Rudi Dolezal ist da schon seit frühen Tagen ein Vorbild. Ebenso in der Disziplin der fotografisch fixierten Existenzbeweise, wo Künstler so tun müssen, als ob sie mit uns Unwürdigen und Geselchten zarte, emotive Bande schließen wollten. Das wird dann endlich eine von einem wirklichen Kenner kuratierte Dauerausstellung. Dispensiert vom Grusel der Finissage, zieren diese seligen Momente die wirklich wichtigen Wände in unserem Heim, damit der Postler, der uns den nicht angemeldeten Fernseher wegnehmen möchte, gleich sieht, mit welchem Kapazunder er es da zu tun hat. In ihrer Variabilität und Aufnahmefähigkeit für Schmuckelemente sollte die Wohnung genau auf die repräsentativen Ansprüche des Mieters oder Eigners ausgerichtet sein. Was dem einen der selbst gelötete Strolchi auf dem Balkon, das ist dem anderen der ausgestopfte, blähnüstrige Hunyadi-Trabrenn-Champion von 1931. Und auch die Fühlung mit dem Äther – die Räume mal von heißem, mal von bitterkaltem Odem durchzogen – ist etwas Wesentliches, geradezu ein Spiegel der Seele des Lebensbehältnisses. Und wer erinnert sich nicht der wundervollen Anfänge der Demoskopie, als wir zu Beginn der 1970er-Jahre allein durch Ziehen der Spülkastenschnur mutig Meinung machen konnten.

In diesem Sinne – der Tagesbefehl: Lasset dreimal fünf Liter für den Weltfrieden durch den Lokus rauschen, auf dass wenigstens die Flussfische frohlocken!

Samir H. Köck

Mahler

INDISCH WOHNEN

DES INNENARCHITEKTEN ERSTES DATE

WIE GOTT WOHNT

FRANKENSTEIN PRIVAT

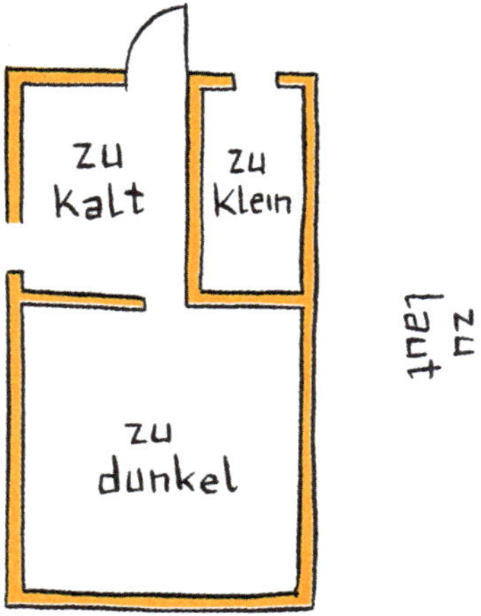

SCHEISSE WOHNEN

Wir haben
Motten.
MAHLER

DIE MÖBEL-MESSE

Was uns Wohnzeitschriften wirklich erzählen.

DER WOHNZIMMER-MOSES

"UND WIEDER HING EIN ARCHITEKTENSCHAL INS MODELL"

Design aus Stein.

DIE KNAST-BOUTIQUE

MIR-Selbstbaumöbel

TARZAN AT HOME

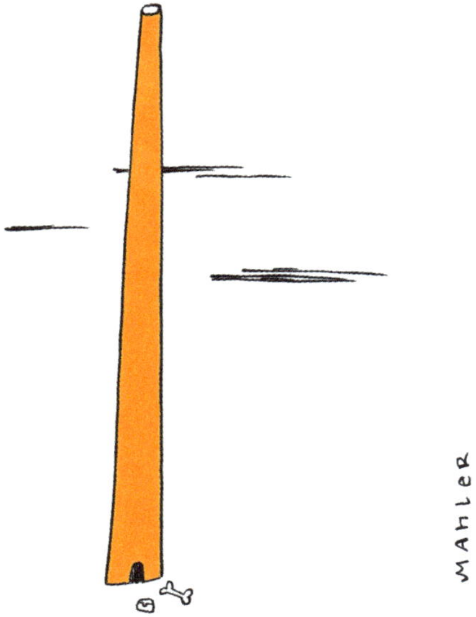

wastls wohnturm

TOLLE DEKO-IDEE

Klein

UND HIER MEIN SCHÖNSTES STÜCK! DIE IKEA-SCHRAUBE, DIE BEI MEINEN NACHBARN FEHLT!

WAS? KEIN EIGENES BADEZIMMER?

OK- ES IST SCHEISSE - ABER ES IST SAUTEURE DESIGNER-SCHEISSE !

ICH HAB'S GEAHNT! DAS GELB AN DEN WÄNDEN SCHLÄGT SICH MIT DEN RAUMANZÜGEN!

TEILEN WIR UNS EINFACH DIE ARBEIT – SIE GRABEN SICH EINE HÖHLE UND ICH KASSIERE VON IHNEN MIETE!

BASTEI
Jerry Cotton
PHIL & JERRY
ZIEHEN UM

ICH WÜNSCHTE, ICH WÄRE WIEDER IN MEINEM ALTEN KINDERZIMMER!
KOMISCH - ICH BIN IN MEINEM ALTEN KINDERZIMMER!

MÖBEL, DIE SICH NICHT WIRKLICH DURCH-GESETZT HABEN (I)
DER WOHN-ZIMMER HAUFEN

Mietvorschreibung
MIETE 3.700-
ZUSCHLAG FÜR SCHLÜSSELLOCH 2.103-
ZUSCHLAG FÜR DURCHSICHTIGE FENSTER . 1.917-
SILBERFISCHENPAUSCHALE 83,-
BETRIEBSKOSTEN .. 8.734,-
DATUM 2.2.99,-
28.472,-

LOFT FÜR ANFÄNGER

FRANK LLOYD WRIGHT PRIVAT

WOHNEN WIE BEI MUTTERN

MÖBELFURNIERPEEPSHOW

JETZT WÄRE WOHL DER MOMENT, WO ICH EIGENTLICH SAGEN MÜSSTE: ZU DIR ODER ZU MIR .....

SCHERZENDE ZEN-BUDDHISTEN

WOHNUNGSPROPHETEN

GRAUSAM IST KEIN AUSDRUCK! SIE HAT MICH NICHT NUR VERLASSEN – SIE HAT AUCH NOCH DIE PHILIPPE-STARCK-ZITRONEN-PRESSE DAGELASSEN!

BÄREN ALBTRAUM

UROLOGE ?
ABER NICHT DOCH -
MEIN FINGER
WILL NUR BEI
IHNEN WOHNEN !
VASEL

ER IST NUR HIER, WEIL MEIN FENG SHUI BERATER AUF EINEM ROSA KLUMPEN IM WOHNZIMMER BESTANDEN HAT!

MEET MY BONSAI WASTEPAPER BASKET!

GROSSMUTTER – WARUM HAST DU EIN SO GROSSES WASSERBETT ?

Rubinowitz

Ein Heim kann sicher ~~sein~~ und dennoch ein Gefängnis sein
Oder ein Schweine koben
Andererseits kann ein Schweinekoben auch als Garage umgebaut werden
wo die Schweine geparkt werden?

Ein Schuh ist auch eine Garage oder wie eine Vase. Aber ein Heim ist er nicht, eher eine Käseglocke. Aber mit einer Käseglocke kann man nicht zum Gebet läuten – da bleiben die Leute daheim ... in ihren Schweinekoben. Kann man eigentlich Schweine melken? Schweinemilch, Schweinekäse, Schweinericotta. Schweinekefir? Schmalz wird in Schweinen gepackt – so viel ist sicher!
So viel ist sicher!

Wohnungsnot im Erbsenland

wie ich sehe, hat die Erbse sich bereits wohnlich eingerichtet

Drücken
ziehen
Wenn das Haus eine Suppe wäre, stünde da Salz und Pfeffer. Wenn die Suppe allerdings ein Klo wäre, stünde auf den Streuern Damen und Herren

Guter Himmel ...
Und - was befindet sich hinter dieser geheimnisvollen Tür?
WC
Da drin steht eine wunderschöne weisse Porzellanschale und wissen Sie, was in ihr liegt? Scheiße!

Möbel-Laszlo
Iiiigitt Möbel. Es gibt Leute, die...
damit ihre Wohnung voll müllen. Statt mit Bügelbrettern, Wäschespinnen und Mottenfallen

Ist eigentlich für eine Spinne das Netz Wohnung oder Arbeitsplatz? Um das zu überprüfen, werde ich meine Stubenfliege unter Stubenarrest stellen

Manchmal wünscht' ich,
ich wär ein
Steppenhörnchen –
ich müßte nicht mehr
in der muffigen Hütte hausen.
Die struppige Steppe wär
mein Heim
Bello

Felipe –
Prinz von Asturien,
könntest du bitte
spülen, wenn du
geschissen hast?
Du bist hier nicht
bei dir zuhause
WC

Ich will ein liebes Mädel
Ich will einen eigenen Assch - mit Bidet und Internet-anschluss

Wohnt hier Helga Poblotzki?

Immobilienmakler in Nöten

"Das soll ein Swimming-Pool sein? Das ist ein Gurkenglas! Aber kein Swimming-Pool. Und jetzt bin ich mal gespannt auf die Sauna"

Na, mein kleiner Freund, wie wohnt man so in deiner Welt? Noch mit Aussenklo?

Da wohnte Gott, wenn er ein Specht wäre

Und – gefällts?
Gefallen? Das ist ein besseres Wohnklo!!
Und könnte man hier nicht mal lüften?

Geh weg, du besudelst meine Ecke

Much

GEMÜTLICH HAM SIE'S HIER

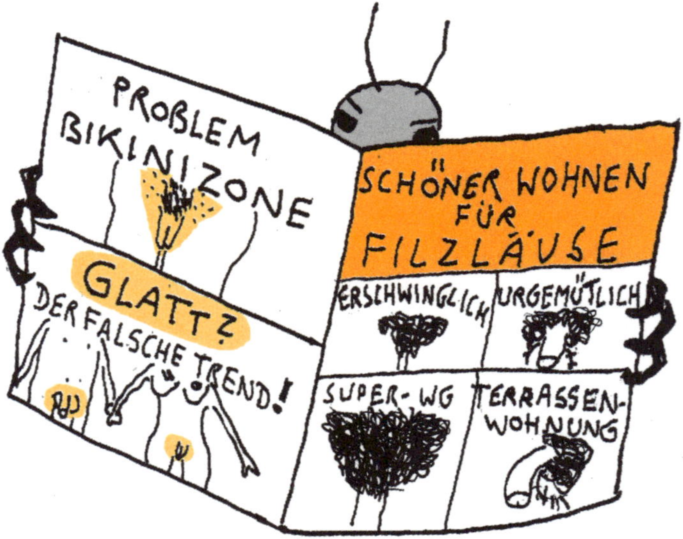
PROBLEM BIKINIZONE
GLATT?
DER FALSCHE TREND!
SCHÖNER WOHNEN FÜR FILZLÄUSE
ERSCHWINGLICH
URGEMÜTLICH
SUPER-WG
TERRASSEN-WOHNUNG

DESIGNERMAFIA

JETZT, WO ALLES FRISCH GEPUTZT IST, MACHST DU KEIN G-7 GIPFELTREFFEN BEI UNS

NOCH BESSER ALS IKEA

WER SIND DENN DIE BEIDEN ANDEREN?
WAS? NUR ZWEI?
WOHNUNGS-MAKLER

DAS IST
ALSO EIN LOFT?

WURSCHT, WAS DEIN INNEN-ARCHITEKT MEINT, ICH BIN DER KÖNIG UND DER THRON BLEIBT HIER AN DIESER STELLE

DIE NEUE BESCHEIDENHEIT:
PROMIS IM PLATTENBAU

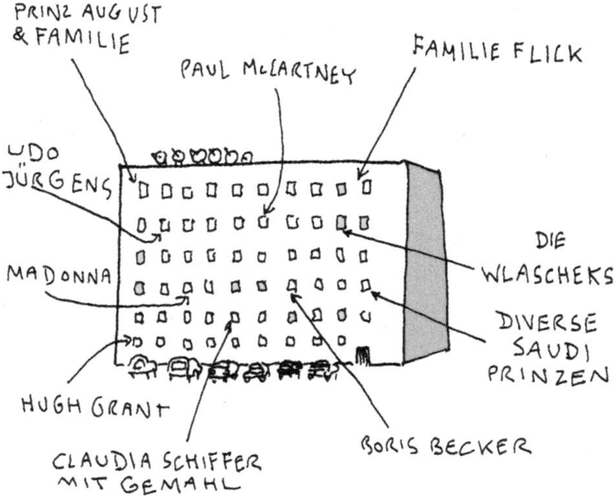

WIR SIND TIGER
WIR BAUEN KEINE
NESTER

DER ARCHITEKT SAGT, ES IST DIE HARMONISCHE ZUSAMMENSCHAU VON FUNKTIONALITÄT UND GESTALTUNGSWILLEN UND MEIN MANN SAGT, ES SCHAUT AUS WIE EINE RIESENSCHAUMROLLE

IN DER ARCHITEKTEN-HÖLLE

SO WOHNEN BURSCHENSCHAFTER

DAS MIT DER DACHTERRASSE KANNST DU VERGESSEN

IKEA
FÜR MÄNNER
FERNSEHSESSEL
MIT GETRÄNKEHALTER!

ICH SUCH MIR WAS EIGENES

ICH BIN DA BEZÜGLICH DER ANNONCE: "TURMZIMMER MIT TRAUMBLICK, OFFENER KAMIN, SOLIDE BAUWEISE GEGEN LEICHTE MITHILFE BEI BELAGERUNGEN, EROBERUNGEN ETC. ZU VERGEBEN!"

WIR KÖNNEN JA IMMER NOCH DEN DACHBODEN AUSBAUEN

ZUHAUSE BEI
HANS KRANKL

Klein

Lebt zurückgezogen im Kloster und hat nie herausgefunden, wo beim Pinsel die Luft herauskommt.

Bücher: „Biere auf der Flucht“, Falter Verlag (vergriffen),
„Einfache Vergnügungen, Falter Verlag,
„Hände hoch oder ich scheiß mir in die Hose“, Edition Moderne,
„Der mächtigste Mann“, Deuticke Verlag.

Rubinowitz

Alt, kein Sex, ein Computer, kein Auto, drei Wohnungen.
Moderator des Internetforums www.hoeflichepaparazzi.de.

Letztes Buch: „Und für Leute, die überhaupt nicht lesen können, ist die Zigarette durchgestrichen“, Haffmans.

Mahler

ist eigentlich Museumswart (www.mahlermuseum.at).

Buchtipp: „Flaschko – der Mann in der Heizdecke“ (www.editionmoderne.de).

Much (Michael Unterleitner)

lebt in Wien und zeichnet für „News“, „Falter“ (hin und wieder), „Die Bergbauern“, „die alternative“ und andere.

Bücher: „Das much buch“, „Kraut und Rüben“, „Schad ums Geld“, „Fehleinschätzungen“.

„Geschenkt“ ist eine Buchreihe des Falter Verlags.
Herausgeber ist Rudi Klein.

Zeichnungen: Mahler, Klein, Rubinowitz, Much
Oberste Lachkontrolle: Ev Klein
Freiwilliger Textbeitrag: Samir H. Köck
Medizinische Betreuung: G. Kleinschek
Foto: Rasselbande, 1957
Coveridee: Sheela Kronheim
Layout: Reinhard Hackl
Produktion: Susanne Schwameis
Gedruckt in Slowenien

ISBN 3-85439-304-9

1011 Wien, Marc-Aurel-Straße 9
Tel. 01/536 60-0, Fax 01/536 60-35
E-Mail/Verlag: bv@falter.at
E-Mail/Bestellungen: service@falter.at
Homepage/Bookshop: www.falter.at

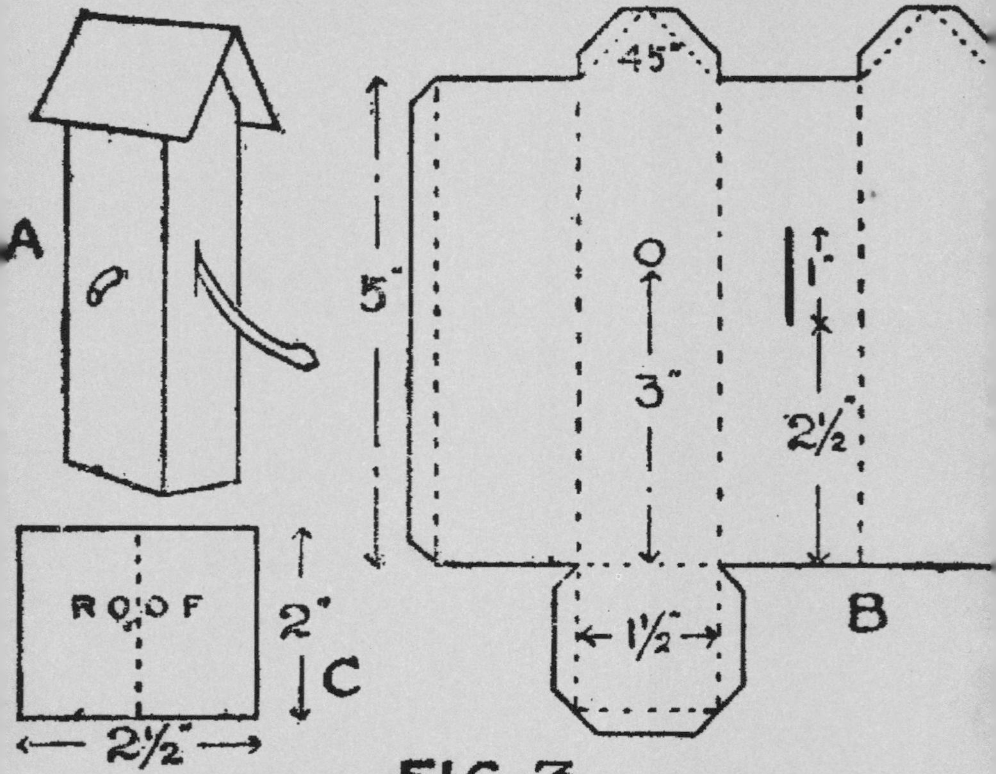

FIG. 3